# DU RÉGIME

## COLONIAL.

Par MILSCENT, Créole.

———

A PARIS,

De l'Imprimerie du CERCLE SOCIAL, rue du
Théâtre-François, n°. 4.
1792.
L'AN 4 DE LA LIBERTÉ.

# NOTES ET REMARQUES

## SUR LE RÉGIME

## DES COLONIES,

### *Et particulièrement sur celle de S. Domingue.*

IL étoit si aisé de prévoir les funestes évènemens de la province du nord de St. Domingue par le régime des colonies, que je suis dans la ferme persuasion qu'il n'est pas un seul de ces colons mêmes qui témoignent le plus de répugnance pour voir anéantir le préjugé colonial, qui ne l'ait senti comme moi. Mais, soit crainte de se compromettre, dans un lieu où l'on est suspecté du crime de lèse-nation, sur cela seul qu'on est d'une opinion contraire à ce fatal préjugé, soit insouciance, soit orgueil, personne n'en a voulu convenir. Ceux que cette pusillanime crainte arrête, disent : *que j'ose manifester ce que je sens, ce que je vois, ma vie, ou tout au moins mes biens sont exposés au plus grand danger ; en me taisant, je suivrai le torrent, et j'en passerai par ce que des ames vertueuses et humaines ne peuvent manquer d'opérer dans l'assemblée nationale, qui ne marche ou ne doit marcher que sur les principes de la constitution, fondée sur les droits sacrés et imperturbables de l'homme. Au reste, les choses en iront comme par le passé, et j'en profiterai à l'abri de mon silence et de l'ignorance où l'on sera de ma manière de penser.*

Voilà le langage des esprits foibles. Ceux dont l'insouciance est la maladie, disent ; *que m'importe un régime ou un autre ? tel que l'on décidera, j'en profiterai, je n'irai pas me troubler le repos pour une chose qui n'aboutit à rien dans la réalité, soit pour ou contre.*

Ceux que le seul orgueil et l'ambition guident, tiennent un tout autre langage ; leurs vues de domination s'étendent autant sur les mœurs que sur l'intérêt pécuniaire. *Nous ne souffrirons jamais, disent-ils, que nos affranchis ou leurs descendans s'égalent à nous ; nous les exterminerons tous plutôt, s'il le faut. S'il en survient du trouble, s'il en coûte du sang, c'est égal ; tout rentrera dans l'ordre ensuite. On criera un peu contre nous, nous aurons toujours triomphé. Nous crierons aussi contre ceux qui se seront opposés à nos vœux, et nous les traiterons de philantropes odieux, de factieux infâmes ; nous publierons qu'ils veulent nous faire égorger par nos esclaves. Nous mettrons de notre côté tous ceux qui se plaigent du nouveau régime, et parmi ceux-là, le pouvoir exécutif sera pour nous, arrêtera nos adversaires, renversera leurs mesures, ou les entravera, et nous serons maintenus dans notre régime dominateur.*

Voilà ce qu'on n'a pas craint de dire en ma présence, dans la colonie de St. Domingue, dans toutes les sociétés. Si les journalistes du lieu eussent osé, ils eussent dénoncé cette doctrine affreuse ; ils n'ont pu l'indiquer qu'amphibologiquement, et *Gatereau*, auteur du courier littéraire du Cap, pour avoir manifesté plus clairement son sentiment là-dessus, a été enlevé de chez lui, mis au cachot, d'où il a été conduit lié et garrotté à bord d'un navire provençal qui faisoit voile pour Marseille.

Cependant, les colons, dans leur délire, oubliant leur foiblesse et les forces de la nation, ont osé répondre que le décret rendu en faveur des hommes de couleur, peut non-seulement occasionner des troubles dans les colonies, mais même causer sa subversion *et leur scission avec la France.* On a vu quelques places de commerce, dominées sans doute par l'esprit colonial, répéter ces absurdités. Il faut n'avoir aucune notion de la disposition de la majeure partie des colons, ou être de mauvaise foi pour oser donner ces rêves pour des vérités politiques.

Il est aujourd'hui inutile de s'attacher à démontrer combien au contraire le décret du 15 mai est nécessaire à la sûreté et à la splendeur des colonies : malheureusement les désastres de la province du nord de St. Domingue ne le prouvent que trop bien. Si l'on n'avoit pas eu l'impolitique d'y désarmer les hommes de couleur et de les traiter aussi injustement, jamais les esclaves n'eussent pensé à se soulever.

J'ai les papiers publics du Cap, et notamment *le Moniteur colonial*; en le parcourant avec attention, on est convaincu par tous les écrits des assemblées, des municipalités, du gouverneur général, des corps de troupes de ligne, de cent particuliers de St. Domingue; qu'à la fin d'avril, un peu avant la mort de M. Mauduit, le bruit s'étant répandu, à l'occasion des commissaires, que l'assemblée nationale envoyoit pour pacifier les colonies, qu'elle avoit rendu, le 17 décembre, un décret qui rendoit aux hommes de couleur libres tous leurs droits; on se convaincra de la joie qu'en eut le public en général; on verra encore que le gouverneur Blanchelande et l'assemblée provinciale du nord se plaignirent publiquement de la satisfaction de la plûpart des habitans et des troupes de ligne, à qui l'un et l'autre reprochèrent d'avoir embrassé les hommes de couleur dans les rues, pour les féliciter de la justice que l'on venoit, soi-disant, de leur rendre.

On (1) verra encore par l'entortillement des expressions de plus de vingt lettres consignées dans le même journal, et par le sens amphibologique des articles du rédacteur

_______

(1) Qu'on compulse les registres des municipalités des campagnes, on verra que lors des premières assemblées primaires, les hommes de couleur y furent reçus sans difficulté; il en a été de même de plusieurs districts du Cap. C'est que les instructions Barnaviennes n'étoient pas encore reçues et adoptées dans ce pays.

même, que le sentiment de la presque totalité est l'ap-
probation de ce décret, qui ne fut cependant rendu que
le 15 mai suivant ; mais une funeste incertitude imposoit
un silence qu'on ne gardoit qu'avec autant de contrainte
que de douleur, et qu'il n'eut fallu qu'un mot de l'assemblée nationale, pour rendre à tous les cœurs justes, le
courage que la fureur et la licence des autres retenoit
dans l'inaction. Cette vérité est sensible ; pourroit-on se
persuader qu'il n'y eût de bons Français qu'en Europe ?

Si donc l'assemblée constituante eût profité de la disposition des esprits, et n'eût pas attendu les longueurs
et les trâmes perfides des malveillans, elle eût préservé
St. Domingue des maux qu'il vient d'éprouver. Pourquoi
séparer les colonies de la France, par un régime différent,
régime qui y laisse le despotisme à la place de la justice
et de l'humanité ?

Voilà mes preuves pour St. Domingue ; elles ne sont
pas moins évidentes pour la Martinique, qui n'a cessé de
se plaindre que les habitans, d'accord avec M. de Damas,
avoient rendu aux hommes de couleur tous leurs droits.
On sait qu'il n'y avoit que quelques négocians de St.
Pierre qui se plaignissent de cette justice.

A l'appui de ces vérités incontestables, je puis attester
ici, sans craindre d'être démenti par personne de bonne
foi, et autrement que par une simple négative dénuée de
cause, que, à ma pleine connoissance, plus des deux tiers
des blancs de St. Domingue desiroient ce décret consti-
tutionnel et avantageux, mais qu'ils n'osoient manifester
leur vœu aux yeux de ces hommes qu'on appelle sur les
lieux, *les petits blanchets* (1), qui ne desirent le contraire
que dans l'espoir de trouver de bonnes occasions de se jetter
sur les propriétés des hommes de couleur, dont un grand
nombre est fort riche.

Qu'on demande à voir le fond de la procédure d'Ogé,

_______

(1) Ce qui veut dire gens sans aveu et mal famés.

qu'on n'a jamais osé interroger en public ; procédure qu'on
a pris un si grand soin de rendre oculte à toute la colonie ; on y verra, *si l'on a tout écrit*, qu'une foule de blancs
y ont été compliqués, non pour avoir trempé dans la
révolte, mais seulement pour avoir professé l'équité envers
cette classe infortunée contre laquelle la tyrannie vouloit
conserver le droit de se déchaîner arbitrairement. L'accu-
sation des compagnons d'Ogé remontoit si loin au-delà de
l'époque de son arrivée dans la colonie, qu'on n'a osé
toucher à cette corde, qui eut délié la langue de la justice dans toute l'île. De tels faits ne peuvent se détruire,
quoiqu'en ait dit dans les affiches de Bordeaux le très-
jeune député de la municipalité de la Grande Rivière à
l'assemblée du Cap, *M. Mazerres.*

De quelle autre part donc, que de celle des nègres,
eussent pu venir les insurrections et les guerres dans les
colonies ? Seroit-ce de quelques orgueilleux impuissans ?
Ils s'en garderoient bien ! On vient de voir leur empresse-
ment à recourir à ces hommes de couleur dont ils faisoient
tant de mépris, et dont, disoient-ils, ils pouvoient si
bien se passer ; on vient de les voir envoyer à toute hâte
des lettres de réhabilitation aux frères d'Ogé et de Cha-
vanne, parce qu'ils ont défendu les blancs ; et ils avoient
été condamnés à mort pour les avoir voulu préserver de
tout trouble et de toute attaque.

J'ose l'affirmer hautement, la révolution est entièrement
faite dans les colonies ; le dessous des cartes est connu,
et le mot de l'énigme est trouvé : le premier est que si
les blancs pouvoient se passer des hommes de couleur
libres, ils les fouleroient aux pieds, s'ils ne les extermi-
noient pas : le second, c'est qu'ils ne peuvent s'en passer,
et que, du moment que l'esclave n'auroit plus à craindre
les hommes de couleur libres, il n'y auroit plus d'esclavage. Le nombre des nègres est à un tel point, qu'il
faudroit des armées formidables pour les maintenir dans
l'ordre, sans les gens libres. Ces armées coûteroient à la

France dix fois plus en *hommes* et en argent, que les colonies ne lui produisent. Les colons se cotiseront-ils pour faire cette énorme dépense ? alors point de richesses pour eux ; et que sert-il d'aller se livrer à un climat dévorant, si l'on ne risque pas de pouvoir au moins s'enrichir dans dix ans ? Que l'on compare les recrues des troupes d'outremer avec ceux des troupes qui restent en France, et l'on verra ce que coûteroit la conservation des colonies en hommes, si ceux de couleur ne discontinuoient pas d'y en envoyer.

Mais les esprits sont mieux disposés que jamais à remédier à cet effroyable inconvénient, depuis les désastres dont la Martinique et Saint-Domingue ont été frappés. On a fait une malheureuse expérience du danger d'un préjugé insensé, qui n'attaque pas même le plus léger amour-propre. Si l'assemblée nationale manque cet instant favorable de rétablir, ou plutôt de faire agir le décret du 15 de mai, qui n'a pu être révoqué par l'assemblée, lorsqu'elle n'étoit plus que législative, les maux ne sont point finis dans les colonies: le feu couve sous la cendre; il ne faut qu'un peu du vent du désespoir pour l'allumer de nouveau. Les bons esprits du Cap le sentent ; ils n'attendent plus qu'un décret de l'assemblée nationale pour se livrer ouvertement à la satisfaction d'être justes envers une classe à laquelle on est plus obligé que jamais, puisqu'on lui doit le salut de la colonie. Combien d'ames sensibles et vraies béniroient nos législateurs humains et sages, si elles leur devoient une loi qui, en rétablissant le calme, et ramenant la splendeur des colonies par l'exercice de la justice, permettroit aux cœurs droits de se livrer sans contrainte à la douceur de la reconnoissance et de l'épanchement de l'estime.

Voici une remarque importante. Avant que l'assemblée coloniale se fût formée à Léogane, on vit celle de la province du Nord, à l'exemple de toutes les municipalités du pays, déclarer, par un serment authentique, *qu'elle*
*accepteroit*

*accepteroit avec respect, obéissance et reconnoissance, tous les détrets possibles du corps législatif de l'empire françois.* On voit que c'est un détour adroit pour prévenir les murmues de quelques-uns de ces *petites gens* mal-intentionnés, et de seconder les desirs des autres sur le décret en faveur des hommes de couleur, que l'on sentoit ne pouvoir éviter d'après les bases constitutionnelles de la régénération françoise, et d'après les vues d'une sage politique coloniale.

Telles étoient les dispositions de toute la colonie alors, et toutes ces pièces sont consignées dans le *Moniteur colonial*. Ce n'est que lorsque l'assemblée coloniale à Léogane s'est déclarée telle, à la majorité de 67 voix sur 46, qu'on a commencé à sentir l'influence de cinq ou six ci-devant chicaneurs, sur les esprits de la colonie. Alors les autres (les 46 sans doute) n'ayant pas voulu s'écarter des principes, tout-à-coup l'assemblée accourt auprès du bon général qui avoit juré la rejection du décret.

N'y a-t-il pas dans tout cela un mystère dont l'explication nous apprendroit les choses les plus importantes dans la conduite du général, comme de ses dévoués ? On avoit vu comment l'assemblée de St. Marc avoit été poursuivie, recommandée, puis jugée par les Barnaviens ; l'assemblée de Léogane, convoquée légalement, d'après la proclamation de ce gouverneur, toujours commode aux colons despotes, devant y tenir ses séances revient au Cap, au centre des ennemis des décrets de l'assemblée nationale.

Il y a une autre remarque intéressante à faire ; c'est que dans le même tems que l'assemblée coloniale étoit séante à Léogane, il paroît, par le concordat du Port-au-Prince, qu'il y a eu un mouvement chez les gens de couleur du lieu ; qu'ils ont pris les armes, etc. ; et on n'est instruit ni du sujet, ni des vraies circonstances. Or, je le demande aux colons les plus de mauvaise foi même, si les gens de couleur libres n'avoient pas été nécessité à prendre les armes, le gouverneur même ne s'en seroit-il pas plaint ? N'en auroit-on pas rendu compte au ministre ou à l'assemblée

B

nationale ? Mais nullement : le concordat a lieu , on ne dit pas un mot des circonstances qui l'ont précédé et qui y ont donné lieu (1). N'es-il pas facile de voir que les blancs , et sans doute l'assemblée coloniale la première , avoient voulu faire aux hommes de couleur du Port-au-Prince , tout au moins ce qu'ils avoient fait à ceux du Cap ?

M. Blanchelande a rendu compte au ministre des troubles de la province du nord , mais il ne dit pas un mot de la formation ni de la translation de l'assemblée de Léogane , au Cap. Ce qu'il dit du concordat n'est encore qu'une réticence ; à moins que le ministre n'ait pas tout dit à l'assemblée nationale.

M. Blanchelande , dont les principes deviennent trop faciles à pénétrer en voulant les rendre trop équivoques , se plaint des régimens d'Artois et de Normandie ; et nous avons des lettres qui élèvent aux nues la conduite et les services de ces deux corps , qui ont si bien secondé l'intrépidité des hommes de couleur contre les nègres rebelles.

D'après les remarques fondées sur des idées authentiques, il est visible que St. Demingue étoit disposé à obéir aux décrets de l'assemblée nationale , mais qu'on a induit les colons en erreur. Il ne faut que se ressouvenir de la lettre de M. Blanchelande au ministre , par laquelle il assure qu'il versera plutôt jusqu'à la dernière goutte de son sang, que de souffrir que les habitans confiés à ses soins , tournent leurs armes les uns contre les autres ; il ne faut que se rappeller encore la retraite des députés coloniaux de l'assemblée constituante après le décret du 15 mai , pour saisir le fil de la trame affreuse que les mal - intentionnés ont ourdis contre les colonies. La déclaration de Barnave contre ce décret auquel , disoit-il , il n'avoit en rien participé , est une nuance de plus pour éclairer les traits de ce tableau représentatif de tous les maux de la Martinique et de St. Domingue.

Un des traits les plus saillans de cette affligeante image ,

___

(1) Ce qu'on en sait n'instruit pas sur cette affaire.

c'est la basse flatterie de quelques négocians égoïstes qui, dans l'espoir de s'attirer à eux seuls toutes les correspondances coloniales, ont présenté des adresses à l'assemblée nationale, selon les vues des colons Barnaviens. Cette aveugle croyance fait pitié. Se peut-il qu'ils n'ayent pas senti que les colons qui pourroient y être sensible, sont non-seulement encore plus égoïstes qu'eux, mais encore qu'il n'y a qu'une très-petite partie qui soit contre le décret du 15 mai, sans savoir ni pourquoi, ni comment! Or, de quelle importance peut être le vœu de gens qui ne peuvent s'en rendre compte à eux-mêmes ? faute de raisons, ils ont fait de vaines menaces : ils ont fait commencer les enfans, qui crient et font tapage dans l'obscurité par la peur qu'ils ont des phantômes.

Qu'on cesse donc de répandre qu'une loi qui ne fera naître que l'ordre, la paix, le bonheur, la prospérité, la reconnoissance et assure à jamais les colonies à la France, puisse produire l'effet contraire ; cette vérité vient d'être prouvée aussi malheureusement qu'irrévocablement, et que ces négocians que la cupidité égare, cessent aussi de spéculer sur leurs fades jérémiades : les habitans des colonies ne leur en iront ni plus ni moins. Le cours des affaires est déjà déterminé comme celui des grands fleuves : rien ne sauroit désormais le détourner qu'un bouleversement général. La justice des gens sensés des colonies, jointe à la loyauté et à la reconnoissance des hommes de couleur, qui reconnoîtront mieux que jamais, et avec raison, la France pour leur mère-patrie, affermit à jamais le pacte qui les lioit à l'empire, et assure les droits des négocians dans le nouveau monde françois.

Ceux de Bordeaux en auront d'éternels monumens de gloire dans les fastes de la révolution. Quel est l'homme, s'il n'est tyran par goût et par tempéramment, qui n'élève pas dans son cœur un autel de reconnoissance à l'assemblée nationale, pour ce bienfait rendu à l'humanité ? Et vous amis des noirs, ames vraimens humaines, qui n'avez cessé de tonner contre la tyrannie des colons, ne méritez-vous pas des courounes civiques pour toutes les vérités que vous avez publiées avec tant d'énergie et de constance ? Ah ! croyez, hommes vraiment dignes de ce titre, croyez que par-tout où l'humanité sera connue, les noms des BRISSOT, des GRÉGOIRE, des PÉTION, des CONDORCET, des CLAVIÈRE, des ROBESPIERRE, des FAUCHET, etc., seront révérés et chéris. En vain l'aristocratie coloniale voudra-t-elle ternir l'éclat de votre gloire, toute la France, ou plutôt tout l'univers vous vengera de leurs infâmes calomnies par son assentiment, et l'hommage le plus pur, puisque nulle considération particulière ne l'aura arraché. La honte et le déshonneur de vos détracteurs seront vos éternels triomphes, et le bonheur de tout un peuple votre récompense. Eh pourroit-on en offrir une plus flatteuse aux amis de l'humanité !

Et toi, Cercle Social, qui as commencé la confédération universelle des Amis de la Vérité, ta récompense est dans les numéros de la Bouche de Fer, ton organe incorruptible et fidèle ; on les lira dans tous les siècles, comme autant de monumens de vengeance contre la tyrannie, comme autant d'hommages à la justice et à l'humanité, comme un doux délassement contre les vexations des despotes, comme une consolation contre les vices humains ; et si des hommes, que je ne veux point nommer ici, après ceux dont je viens de tracer les noms glorieux, ont pu consacrer leur tems, leur plume, leur intelligence à la proscription de la liberté et de l'égalité ; on pourra au moins se dire avec un soupir soulageant : quelques hommes intègres, amis de la vérité, etc., se voueront dans le même tems à leur défense.

*Continuation sur les principes des colons, et comment ils cherchent à les justifier.*

Déclarer ouvertement que le préjugé colonial ne tenoit

qu'à la volonté capricieuse et qu'à l'amour-propre , qu'au goût de domination et de distinction des colons , ç'eût été demander soi-même qu'on l'abolît promptement. L'orgueil , embarrassé de raisons pour justifier son despotisme , a recouru aux mensonges et aux chimères. Ceux qui vouloient conserver le droit arbitraire et si chéri de maîtriser impunément les hommes de couleur , et d'autres pour flatter ceux-ci , ont imaginé de lier leur cause à celle des esclaves, afin d'embarrasser le jugement de l'assemblée nationale. C'étoit en effet le moyen le plus perfide qu'ils pussent présenter , puisqu'il pouvoit, à l'aide du parti colonial, qui dominoit dans le côté droit , paroître spécieux et égarer les esprits peu clairvoyant , intimider les ames craintives et opposer un air de vérité aux bons esprits du côté gauche. Cette invention , que l'on doit aux Laborie, aux Moreau dit St. Méry, aux Blin , aux Gouy , etc. maniée par les Barnave , les Malhouet , appuyée par les Maury , les Lameth , les Cazalès , etc. , a tellement masqué la vérité , qu'il n'a plus été possible de la faire voir dans toute son étendue à l'assemblée. Voici comme on s'y prit d'abord.

Un savant naturaliste , M. Beauvois , qui se trouvoit au Cap au moment où il étoit le plus fortement question de poser à jamais une ligne de démarcation entre les hommes de couleur libres et les blancs ; M. Beauvois , qui s'étoit nourri l'esprit du systême de Linnée , imagina de composer un ouvrage par lequel il s'attacha à démontrer que le nègre n'étoit qu'une nuance dé la bête à l'homme ; voici comme il graduoit ses nuances : entre l'homme blanc et le nègre , se trouve le rouge ; entre le rouge et l'Orang-Outang se trouve le nègre , entre le nègre et le Gibon se trouve l'Orang-Outang , etc. : le blanc , ajoute-t-il , espèce pure d'homme , est susceptible de toute la perfectibilité humaine ; le rouge qui vient après , doué d'une portion bien moindre d'intelligence , n'est pour ainsi-dire qu'une esquisse de l'espèce humaine , qu'une de ces foibles nuances ; le noir qui vient après le rouge, est autant inférieur au rouge, que celui-ci au blanc, et l'Orang-Outang au noir, que celui-ci au rouge, etc. La conclusion de l'ingénieux naturaliste, est que le nègre, pas même le Caraïbe ou le Morisque ou l'Indien, n'est de l'espèce des blancs, ni même d'une espèce parfaitement humaine.

Il est aisé de remarquer dans ce système, le double dessein de justifier le préjugé colonial, et les traitemens exercés contre-les esclaves. Traiter tyranniquement des hommes, seroit une barbarie répréhensive ; traiter durement des animaux qui n'ont que la figure d'humain, ce n'est pas un plus grand mal que d'aiguillonner les bœufs, que de fouetter les chevaux. Ainsi, pour justifier d'injustes cruautés, un préjugé insensé, on n'a pas hésité à mettre l'homme au rang de la brute. Or, je le demande aux hommes justes, est-ce sur une supposition aussi gratuite que l'on jugera la cause des hommes de couleur ? Sera-ce un tel sarcasme qui sera la donnée sur laquelle on devra asseoir un système législatif ? Ne regarder le nègre que comme une nuance de la brute à l'homme éloignée du blanc, et lui refuser une intelligence et une perfectibilité qu'il ne nous prouve que trop chaque jour à travers les traits grossiers de son éducation, c'est renverser l'ordre de la nature pour y substituer une chimère, dont on veut faire ensuite une règle de conduite ; c'est éteindre le flambeau de la raison, pour marcher à tâton dans les ombres de la nuit des préjugés ; en un mot, c'est briser la boussole pour ne suivre que la girouette.

De ce système idéal, M. Beauvois a tiré une conséquence qui en étoit la suite nécessaire, et à laquelle il vouloit venir ; la voici : si entre les blancs et les nègres, il y a encore une nuance avant d'être parfaitement homme, les Métis des premiers et des derniers, ne sont qu'une espèce mixte qui participe à la vérité des deux, mais par cela même, sont d'autant abâtardis et incapables de se jamais laver de ce mélange dégénérant. Cette conséquence a paru à St. Domingue , une découverte d'autant plus heureuse , qu'elle étoit plus inextricable , et favorisoit davantage le système de distinction et de domination que l'aristocratie coloniale a ouvertement adopté.

La conclusion de M. Beauvois fut que les hommes de couleur devoient être regardés comme inhabiles à posséder , et qu'ils ne devoient pas mêmes jouir illimitément de la liberté ; qu'elle devoit être astreinte , et que tous les gens libres devoient être incorporés dans des troupes soldées en les affranchissant , ou dès l'âge de seize ans quand ils étoient nés de pères et mères affranchis.

Il étoit impossible que cette opinion n'excitât pas l'indignation des hommes de couleur ; ils la manifestèrent dès lors d'une manière inquiétante , et l'assemblée du nord se vit comme forcée d'improuver et de proscrire l'ouvrage de M. Beauvois , et elle le fit par un arrêté formel.

Le systême de ce naturaliste étant trop exagéré , et dévoilant trop celui des colonies , on en imagina un autre non moins funeste , mais bien plus perfide en ce qu'on eut la finesse d'en faire un principe d'ordre et de richesses pour les colonies : ce fut d'avancer , de soutenir et de publier comme un axiome certain , *que l'esclave n'est obéissant que parce qu'il voit le blanc d'une espèce supérieure à la sienne.* Comme s'il est possible d'interdire à des êtres intelligens la connoissance de ces vérités premières , de ces traces ineffaçables de la main de la nature , dans le cœur de l'homme , ses plus chers intérêts. Comme s'il y a un être intelligent capable de croire le nègre assez borné pour avoir une telle croyance. Cependant voilà l'unique base sur laquelle s'appuyent aujourd'hui les colons pour rejetter le décret du 15 mai. Mais comment s'appuyer de cette hypotèse pour affirmer que le préjugé colonial est nécessaire au régime des colonies ? C'est ce que nous allons voir.

On n'ose plus dire que les hommes de couleur ne soient pas faits pour participer aux droits de l'homme ; les amis

de l'humanité ont détruit cette grossière absurdité ; on a
vu que l'assemblée nationale ne vouloit pas, ou ne devoit
pas toucher à la propriété des colons sur les esclaves, on
s'est repris à cette corde étrangère à la cause des hommes
de couleur libres, parce qu'on a reconnu la nécessité de
nombreux atteliers pour cultiver les colonies et en tirer les
richesses immenses ; parce qu'on ne peut de long-tems
remplacer les bras de la servitude ; parce que les esclaves,
tout-à-coup affranchis, le cœur encore ulcérés contre leurs
maîtres, ne voudroient peut-être pas travailler pour eux,
même en les payant ; parce qu'enfin, on ne peut priver
le maître de son esclave sans lui en rembourser la valeur.
Ces vérites bien senties des colons, et bien reconnues des
hommes justes en France, les premiers ont espéré qu'en
assimilant la cause des esclaves avec celles des libres, ce
seroit le moyen de maintenir les derniers sous le joug du
préjugé qui les tient courbés sous le pouvoir des blancs,
parce que l'assemblée nationale égarée, confondroit les
deux castes, et rendroit, par le moyen des Barnaviens,
un décret sur lequel il ne seroit plus possible de revenir au
moins de quelques annnées.

Ainsi, sousprétexte d'une politique locale, on sacri-
fieroit toute une classe d'hommes aux vues de l'ambition et
de l'orgueil ; ainsi, pour arrêter la main bienfaisante des
législateurs, on leur a présenté la cause des hommes de
couleur libres, comme inséparable de celle des esclaves,
comme essentiel au maintien de la subordination parmi
ceux-ci, et l'on a eu soin de la lier au bonheur et à la
splendeur des colonies.

C'est ainsi que le despotisme cherche toujours à mettre
le bandeau sur les yeux des hommes, pour pouvoir
mieux les conduire où bon lui semble ; c'est ainsi
que l'aristocratie cherche toujours à sacrifier à son or-
gueilleuse noblesse, le tems, les services et la volonté
des hommes.

Mais il falloit une apparence plausible pour persuader
la'ssemblée

l'assemblée nationale , et dévoyer les amis de l'humanité
et de la justice ; on a encore imaginé de donner pour
principe certain , que si l'esclave , qui n'est soumis que
parce qu'il croit le blanc d'une espèce presque divine ,
voyoit les affranchis ou leurs descendans s'élever à l'égalité
des blancs , il diroit : *Quoi ? les sang-mêlés , les nègres libres
sont autant que les blancs , occupent des places , des emplois
comme eux ? Les blancs ne sont donc pas si supérieurs à nous ?
Nous sommes en bien plus grand nombre qu'eux , secouons donc
le joug de l'esclavage.* Après cette supposition ridicule , les
colons infèrent qu'il seroit de la dernière inconséquence
d'accorder la citoyenneté aux hommes de couleur libres.

Voilà l'unique but des colons qui se sont montrés contre le décret du 15 mai. Il en est d'autres qui , profitant
de la fermentation des premiers , ont cru pouvoir fonder
de plus grandes espérances : obérés au-delà de tout ce
qu'ils possèdent , ils ont cru qu'en aidant aux esprits
mûs par le préjugé , ils pourroient payer leurs dettes en
passant sous la puissance angloise. Frappés de cet espoir ,
il n'est sortes de manœuvres qu'ils n'ayent fait jouer pour
parvenir à leurs fins : faux bruits sur les hommes de couleur libres , fausses inculpations à la partie saine de l'assemblée nationale ; inculpations , calomnies atroces contre
tous les amis de l'humanité ; rien ne leur a coûté. Ils ont
été merveilleusement secondés par les ennemis de la constitution , par tous les ci-devant , et même par des puissan-
ces étrangères , et sur-tout par des journalistes salariés par
le parti colonial. Les clameurs réunies de tant de mau-
vaises gens , ont fait l'effet qu'ils en attendoient ; c'est-à-
dire , ont embrouillé la matière , ont intimidé les négocians de bonne foi et peu instruits , ont attiédi quelques
amis de l'humanité , ont suspendu , ont égaré le jugement
public et ont fourni au parti colonial , secondé de la len-
teur ministérielle , tout le tems de dresser ses batteries
et de faire tout le mal avant que l'on pût s'en défendre.

Ne cherchons pas ailleurs la cause de la prétendue révo-

C

tation du décret du 15 mai, par le corps même qui avoit décrété qu'on ne pouvoit plus toucher à la constitution; révocation qui remettroit le germe de tous les maux dans le sein des colonies en y propageant une haine d'autant plus implacable, qu'on auroit en même-tems trompé les espérances des deux partis en rendant et en retirant le décret. Mais les désastres de St. Domingue ont prononcé, en prouvant le besoin indispensable des hommes de couleur contre les esclaves.

Ils en est donc encore tems; l'assemblée nationale peut tarir la source de nos malheurs en fixant les loix des colonies. Elle fixera aussi par-là l'incertitude des esprits des deux mondes, et dissipera leurs inquiétudes respectives. Jusqu'à ce moment on n'a vu dans les colonies que vasciller d'une opinion à une autre, heurter tous les principes sans s'arrêter à aucun, recourir à des hypothèses, à des systêmes assez spécieux, tant pour justifier ou voiler ses vrais motifs aux yeux des autres, que pour s'en imposer à soi-même. De-là cette étonnante versatilité de volonté dans les colonies; tantôt une assemblée, tantôt une autre; et tels que les enfans, on a vu les colons briser le jour suivant tout ce qui les avoit enthousiasmés la veille. Il faut être à St. Domingue pour ne pas sentir le ridicule et le danger de varier ainsi dans les choses les plus graves et les plus importantes. N'est-ce pas, par exemple, un vrai scandale et un bien grand malheur, que le desir avec lequel on forma l'assemblée de St Marc, et la fureur avec laquelle on la poursuivit? Et c'est des assemblées coloniales dont l'intrigue, la cabale, et la malveillance se jouent ainsi? Remarquez en passant, que l'assemblée séante à Léogane avoit déclaré à sa première séance qu'*elle prenoit les créances des négocians de France sous la protection de la foi publique de la colonie; que la colonie faisoit partie intégrante de la France, qu'elle suivroit tous les décrets de l'assemblée nationale.* Ne seroit-ce pas cette déclaration qui l'aura fait rappeller au Cap? Payer ses dettes et rester à la France!.... Que de projets renversés!

Tout cela est aussi en partie l'ouvrage de l'égoïsme, enfant du despotisme : chacun prétend aux premières places, imprimer aux autres son unique volonté, les faire penser comme soi et n'agir que pour soi. Il suffit à St. Domingue d'avoir individuellement le suffrage de ses concitoyens, pour en être haï, jalousé, persécuté collectivement. Cette affreuse anarchie est la source de tout gouvernement arbitraire, et la mère de tous les désastres.

Tout semble s'être conjuré pour égarer les colons de bonne foi, dans le dédale de leurs puérils et monstrueux préjugés ; ils ont perdu de vue tous leurs intérêts les plus réels, avec les principes de la raison et de l'humanité, pour courir après tout ce qui pouvoit plus sûrement les perde. C'est le papillon qui quitte le revers de la feuille où il étoit en sûreté, pour venir se brûler à la chandelle. *Les gens de couleur*, se sont dit les colons, *veulent s'égaler à nous ! Nos affranchis, leurs descendans, ceux qui étoient hier nos esclaves, viendroient demain se mettre à nos côtés, à notre table, partager nos emplois, demander nos filles en mariage !.... Non ! nous nous enterrerons plutôt sous les ruines de la colonie !....*

Ce raisonnement posé, embrassé avec une avide fureur, il n'a plus été possible de faire entendre la voix de la justice et de la raison, pas même celle de l'intérêt personnel, ce puissant et premier mobile des colons. *Ils ont fait couler un fleuve d'or* où sont venus s'abreuver des membres perfides de l'assemblée constituante, et les plus sages des décrets, ceux des 8 et 28 mars et 15 mai sur-tout, si combattu, n'ont point été envoyés officiellement ; ce fleuve corrupteur a barré le passage à tout ce qui pouvoit blesser la vanité des colons, mais eût assuré leurs fortunes et leurs propres jours. Après un long silence sur l'envoi de ce dernier décret, on suppose des troubles que l'on dit en découler ; la coalition démasquée augmenta son parti, le fleuve enchanteur, ce nouveau pactole, se divisa, se se subdivisa, se ramifia dans toutes les places les plus

importantes ; on séduit le public par des écrits menson
gers , par de perfides agens , par des nouvelles controu-
vées ; l'amour de l'humanité s'affoiblit, les cœurs se dessè-
chent , et après que les blancs eurent désarmés les hommes
de couleur libres dans la partie du nord , le parti colonial,
ne craignant plus rien , redoubla ouvertement ses efforts ,
l'emporta sur les patriotes , et ces décrets furent révoqués
par un corps qui n'en avoit pas le droit , et qui violoit
la loi expressément pour signer la ruine et la désolation
de la plus riche colonie. Les colons avoient sacrifié des
années de leurs revenus pour obtenir ce triomphe , qui
devoit leur coûter encore une partie de leur capital : les
esclaves les ont pris au dépourvu , et la partie du nord ,
foyer de ce principe infernal , a été une vaste province de
ruines , jonchée de morts , baignée de sang.

Voilà ce que j'avois prévu , voilà ce qu'il étoit aisé de
prévoir et de prévenir ; pour l'avoir dit , la haine du parti
colonial m'en a fait un crime énorme , et a cherché à me
porter les plus funestes coups par l'infâme calomnie.

Toujours attentif à poursuivre son objet, ce parti odieux
a cherché jusque dans le soulèvement même des esclaves
auquel lui seul avoit donné lieu , à inculper les hommes
de couleur libres : au moment de l'insurrection , on s'écria
qu'il n'y avoit qu'eux qui eussent pu la fomenter par vengeance contre les blancs. Ce soupçon devient un bruit
général , l'on se jette dans les rues sur les premiers qui
se présentent , et ils sont indignement massacrés. La peur
s'empare d'un homme estimable ; il veut échapper à ses
assassins , il monte sur le toît de sa maison , on l'en fait
descendre d'un coup de fusil !....

Cependant , le lendemain , les autres ne perdent point
courage ; au risque d'éprouver le même sort , ils vont à
l'assemblée coloniale offrir les plus chers ôtages pour
ravoir leurs armes et défendre leur ingrate patrie. Ils
volent ensuite au camp des rebelles , et ils les arrêtent
aux portes de la ville. C'est ainsi que ces Métis de brutes

·c sont vengés de ces êtres si parfaits ! Les blancs qui eussent rougi de les voir à leurs côtés à table , les ont vus toujours devant eux dans le chemin de la victoire , *faisant dans un jour ce que notre divine espèce ne pouvoit faire dans huit* , soutenant constamment les fatigues de la guerre , tandis que la race pure des blancs *succomboit !* ..... ô justice !

Dans l'enthousiasme , dans le délire de la joie de se voir préservés si généreusement par des hommes qu'on s'étoit plû à ravaller au-dessous de l'esclave même , onleur a promis bien au-delà du décret du 15 mai : puisse cette promesse être bien sincère !...

Mais , pourroit-on me demander , quelle est donc la cause pour laquelle les colons s'obstinent à vouloir conserver un préjugé si contraire à leurs vrais intérêts ? Je réponds à cela , que sans le préjugé qui donne tant d'empire aux blancs sur les hommes de couleur , les premiers ne pourroient plus prendre impunément les filles de ceux-ci , leur enlever leurs femmes , leurs biens par d'infidèles et arbitraires arpentages; les gens libres pourroient occupper des places, etc. En outre on voit par les efforts des nobles et des prêtres, combien l'aristocratie est chère aux hommes qui se sont unefois habitués à dominer sur les autres : ils risquent tout pour recouvrer ce droit barbare. Tels sont aussi en partie les motifs des colons dans leurs efforts pour maintenir le préjugé colonial si préjudiciable à leur bonheur et à leur sûreté.

Il ne faut pas que je termine ces notes , sans y ajouter une remarque très-importante , et qui pourra peut-être servir à découvrir le bout du fil de la trame ourdie contre les gens de couleur libres , et peut-être contre la constitution en général , de l'un à l'autre monde.

Tandis que les colons répandoient que les sang-mêlés n'accepteroient point le décret du 15 mai , parce que , ajoutoient-ils , il n'avantageoit que les nègres libres , M. Blanchelande marquoit en France qu'il n'y auroit tout au plus que quatre cent hommes de couleur au Port-au-Prince, au moment où il étoit sûr que ce décret étoit rendu, qu'il employeroit toutes les forces qui lui étoient confiées, pour faire observer les décrets *sanctionnés*, *nec plus ultra*. On n'a pas oublié qu'il avoit marqué au ministre, qu'il verseroit jusqu'à la dernière goutte de son sang, plutôt que de souffrir que les *hommes* confiés à ses soins, tournassent leurs armes les uns contre les autres.

1°. Comment se figurer un moyen de verser son sang, car c'est au collectif dont parle ce général, sans tourner ses armes contre quelqu'un ?

2°. Il est visible que M. Blanchelande entendoit parler des troupes de ligne et des colons aristocrates, en parlant en son propre nom, et qu'en disant qu'il ne souffriroit pas que les hommes confiés à ses soins tournassent leurs armes les uns contre les autres, il entendoit que les bons patriotes et les sang-mêlés n'étoient pas ces hommes confiés à ses soins.

3°. Il est clair encore qu'en écrivant de la sorte au Port-au-Prince, il étoit en même-tems bien informé que le décret n'auroit jamais été ni sanctionné ni envoyé officiellement, et qu'il auroit été révoqué, si le roi avoit accepté la constitution qui sanctionnoit tous les décrets antérieurs.

4°. Pourquoi, au lieu d'envoyer de suite des avisos en France, ne s'est-on adressé qu'à la Jamaïque ? Comment s'y est-on pris ? Quels secours lui a-t-on demandés ? Quels sont ceux qui ont été accordés ? Pourquoi de suite une frégate angloise dans notre rade ? Pourquoi des aller, des venir à la Jamaïque, par des députés qui ne portent rien par écrit de la part de l'assemblée du Cap, ou qui ne portent que des discours vagues ? Pourquoi cette lettre de l'assemblée coloniale au ministre d'Angleterre, portant que *l'anglois avoit recueilli les débris de la colonie* ?

5°. Le refus des Espagnols et leur réponse mérite une grande attention de la part des François.

6°. Les calomnies des colons contre tous les bons patriotes de France, la cocarde noire portée par presque
toute l'assemblée coloniale ; ajoutez à cela la déclaration
de l'assemblée de Léogane, de se regarder comme partie
intégrante de la France, de prendre les dettes de la colonie sous sa responsabilité ; puis la subite translation
d'une assemblée qui manifeste de tels principes en ce lieu
et change au Cap aussi extraordinairement.

Si l'on ne cherchoit qu'à rendre justice aux hommes
de couleur libres ; si l'on ne cherchoit qu'à se mettre en
force contre les esclaves, sans chercher à adoucir leur sort,
non seulement cet oubli seroit inhumain, mais encore il seroit
très-impolitique . ce ne seroit que pallier le mal pour un
tems ; ce seroit se tenir en un état perpétuel de guerre,
tenir en haleine un ennemi toujours redoutable, et qui ne
peut manquer de saisir la moindre occasion de s'agiter.
L'assemblée nationale ne dédaignera pas d'étendre ses
tendres sollicitudes, ses vues de bienfaisance et de justice
jusque sur cette classe si misérable, à laquelle cependant
on est redevable de richesses immenses du nouveau monde, et que le seul désespoir égare le plus souvent. On
apprendra dans peu, malgré tous les soins des colons du
Cap, qu'il y a eu beaucoup d'habitations, telles que celles
de Walsh, Deparoy, Duplaa, Lachevalerie, etc., où les
nègres, toujours bien traités, bien nourris et bien habillés,
se sont défendus à toute outrance contre les rebelles qui
vouloient incendier ces biens, et sont parvenus à les préserver de l'incendie après avoir éteint le feu à plusieurs
reprises.

Les colons n'ont assurément pas plus de droits sur les
hommes de couleur libres, qu'ils n'en ont eux-mêmes
les uns sur les autres ; on ne peut aussi leur disputer celui
de propriété sur leurs esclaves ; c'est leur bien, c'est le
nerf des fortunes et du commerce du nouveau monde,
et les colons ne peuvent en être privés impunément. Mais
il n'en est pas moins vrai que l'assemblée législative de

France , devant donner des loix à tout ce qui tient à l'empire François, elle doit également régler celles par lesquelles les esclaves , qui sont des hommes , doivent être
traités. En augmentant nos forces contre le nombre consi-
dérable de nos nègres par l'état civil accordé , ou rendu ,
aux hommes de couleur libres , et en améliorant le sort
des premiers , nous doublerions ces forces encore en di-
minuant le besoin d'en faire usage. L'assemblée nationale
devant s'occuper de cet objet , je joins ici un projet relatif,
dans lequel peut-être on trouvera des choses importantes
à l'ordre , au calme et à la prospérité des colonies.

Voilà ce que j'ai remarqué sur les colonies ; je réponds
de tous les faits que j'avance ici. On m'a fait au Cap un
grand crime d'avoir manifesté mon opinion sur le régime
colonial , d'avoir participé au décret du 15 mai : que diront
donc les colons démasqués, si ces notes sont publiées ?
Mais la partie saine du public me jugera. Quand on est
sûr de travailler sincèrement pour le bien de sa patrie ,
on porte sa consolation dans son cœur si l'on en est mal
jugé. Au reste , ma patrie ne sauroit être mon juge ; c'est
aux vrais François à prononcer entre les colons qui me blâ-
ment et moi.

ESSAI

# ESSAI

## SUR

## L'AMÉLIORATION DU SORT

## DES ESCLAVES.

On a diversement écrit sur le sort des esclaves de l'Amérique, parce qu'on n'a écrit que sur parole, ou sur des des mémoires faux. On convient assez généralement que leur sort est très-à plaindre, et c'est le seul point auquel tous les écrivains se rencontrent, parce que la vérité se touche toujours ; mais aucun n'a encore proposé des moyens efficaces pour améliorer l'état des misérables qui arrachent de la terre de l'Amérique ces richesses immenses dont se targuent tant leurs maîtres, qui font pencher la balance de l'Europe du côté de la France.

Les moyens que propose l'abbé Raynal sont insuffisans ou impraticables ; Montesquieu n'indique que l'abolition de l'esclavage par une réticence absolue sur le sort des nègres ; le moyen est non-seulement dangereux à l'ordre et à la prospérité des colonies, mais encore contre toute équité, contre le droit de propriété dont on ne pourroit impunément dépouiller le maître de l'esclave. Il n'est cependant aucun mal qui n'ait son remède ; il ne faut que le trouver. Celui-ci intéresse à la fois l'humanité et la prospérité d'un des premiers empires du monde ; tout bon françois doit à sa patrie le tribut de tout ce qu'il peut savoir de propre à y remédier.

D

Ceux qui habitués à ne regarder leurs esclaves que comme une espèce brute, inférieure à la leur ; que comme une race d'hommes créée tout exprès pour leurs besoins et la satisfaction de leurs caprices ; que comme des êtres privés de toute intelligence, de toute sensibilité ; que comme des bêtes de somme ; enfin que comme des misérables cannibales qu'on a tirés du sol le plus disgracié de la nature, de la vie la plus dure et la plus précaire, pour les transplanter dans une terre de promission où ils sont mille fois plus heureux que dans leur climat naturel, qu'au milieu de leurs familles ; ceux-là, dis-je, qui affirment que les noirs, au milieu des traitemens arbitraires de leurs maîtres, sont moins à plaindre que les paysans françois, trouvent extraordinairement étrange qu'on puisse s'occuper de leur sort, et le trouver mauvais. L'ami de la vérité, et de l'humanité qui n'est jamais l'esclave de l'habitude, voit et raisonne tout différemment : il ne dit que ce qu'il a vu, que comme il a vu.

Consultez le marin qui va à la côte chercher des nègres, il vous dira qu'ils sont en peine de pourvoir à leur nourriture, qu'ils se déchirent tellement entr'eux, qu'il est étonné que l'espèce subsiste eucore. Ce langage est celui de ceux qui veulent justifier la traite et tous les maux qui en sont la suite. Le nombre prodigieux de nègres amenés depuis deux siècles et demi dans les colonies, répond à ces contes puérils. De même, si le nègre étoit si malheureux dans sa patrie, s'il y étoit soumis à l'esclavage, s'il avoit tant de peine à pourvoir à sa nourriture, pourquoi est-il si bien proportionné, si fort, si robuste, doué d'une santé si vigoureuse en arrivant dans les colonies ? D'où vient qu'au bout d'un an qu'il y est, il tombe dans un état de foiblesse, de maigreur, de langueur qui le rend méconnoissable, et dont il ne se relève jamais parfaitement, quand il n'en meurt pas ? D'où vient soupire-t-il tant après la liberté, cause des fréquens maronages ? Quel est le colon de bonne foi qui ne convienne que pour avoir cent

nègres, il en faut enterrer *au moins* qnatre cent? de même,
si le nègre étoit si malheureux dans son pays, s'il étoit
sans sentiment, pourquoi voit-on le désespoir les porter
si souvent au suicide, une des premières causes pour
lesquelles on les tient si fort à la gêne dans les navires?
Pourquoi ceux qui sont nés dans les colonies ne se por-
tent-ils pas aussi au suicide? En attendant que quelqu'un
réponde à ces questions, tâchons de rechercher les maux
des esclaves, et les moyens d'y remédier.

Pour bien faire ces recherches, tâchons de nous isoler
entièrement de l'intérêt pour ou contre l'esclavage. Il seroit
impossible de juger avec l'impartialité du vrai philosophe,
si l'on prenoit pour règle ces deux mots mis en opposi-
tion : *liberté* et *esclavage*. Il ne faut cependant pas aussi
perdre de vue l'idée que d'un côté les esclaves y
mettent, et que de l'autre leur maîtres y attachent. Cès
deux états, pris à la rigueur, impliquent un si grand con-
traste à l'esprit, qu'il semble qu'on ne puisse en aucune
manière les rapprocher, encore moins les concilier; mais
ils existent dans un même lieu, il n'est peut-être pas facile
de les séparer, il est du bien de la nation entière de chercher à assurer la propriété de l'un pour le bien de l'empire,
et adoucir le sort de celui qui doit souffrir de la seule vue
de l'autre; de celui qui éprouve encore de l'autre des
traitemens propres à le lui rendre plus insupportable. C'est
aux sages législateurs à mitiger d'un côté le pouvoir du
maître sur l'esclave, et à procurer à celui-ci quelques
objets de consolation, et même d'espérance. La funeste
boëte de Pandore se seroit-elle toute vidée pour une
classe d'hommes qui a plus besoin d'espoir pour la soutenir dans ses maux et dans ses fatigues perpétuelles?....

Il y a bien peu de colons qui ne pensent pas que leur
honneur et leur gloire dépendent de l'état actuel des
esclaves, et qu'ils sont plus intéressés à l'agraver qu'à
l'adoucir. Leur proposer une réforme indispensable dans
ce régime, c'est comme si on leur proposoit de se dé-

sistet de leur droit de propriété. Cependant cette réforme devient plus nécessaire que jamais.

L'esclave, dites-vous, a tous les vices, sans une seule vertu. Je conviens que ne pouvant supporter la vue de celui qui le prive de tout, jusqu'à sa volonté morale même, s'abandonne à tous les écarts. Eh ! n'est-ce pas vous qui les lui inspirez ? Quelle récompense attend-il de vous ? Hélas ! c'est d'être abandonné dans un mauvais *ajoupa*, au fond de votre jardin, loin de vos yeux, lorsqu'il peut à peine se traîner pour se procurer un peu d'eau et de bois pour faire cuire ce que ses pauvres camarades veulent bien ou peuvent lui donner, quand à la nuit close il va quêter sa subsistance dans leurs cases,... Car il ne lui est pas même permis de quitter son exil,... Ah ! quel tableau, si je voulois ici le tracer !..., Vous en frémissez vous-mêmes,... Car vous ne pouvez tout-à-fait arracher l'humanité de vos cœurs, quand l'habitude les auroit entièrement blasés.

On ne peut se dissimuler que l'esclave, privé des lumières de l'éducation, doit être contenu par des loix particulières de police ; mais elles doivent être pesées par la sagesse, et rédigées par la justice et l'humanité, d'accord avec les intérêts du maître. La loi qui n'est que repressive et qui ne protége pas le sujet, n'est pas une loi ; mais est une oppression absolue et sanctionnée. L'esclave est la propriété du maître, nulle loi ne peut le priver d'en jouir tant qu'il ne s'en est pas désisté ; mais cette propriété ne peut pas non plus détruire la protection de sûreté et de jouisance que la loi doit à tout homme.

Louis XVI avoit rendu un édit en décembre 1784, qui tendoit au but que je propose ; mais cette loi, fruit d'un faux apperçu, sembloit avoir moins eu en vue d'adoucir le joug de l'esclavage, que de détruire le blanc par le noir, et le noir par le blanc, en les aigrissant l'un contre l'autre par mille occasions qu'on leur présentoit.

Si le sort des esclaves est si à plaindre au physique,

il l'est bien plus au moral. C'est dans son cœur, c'est dans sa propre opinion que sont ses plus grands tourmens. C'est donc là qu'il faut chercher le plus l'adoucissement de son sort, le moyen en est simple et aisé : c'est de l'attacher à lui-même, *c'est de lui accorder une sorte de propriété réelle.* Par-là seul on lui donnera une existence réelle, on l'y attachera, et on l'attachera aux intérêts de son maître. Déjà on accorde à chacun une certaine portion de terre en jouissance pour vivre ; s'il peut du produit se nourrir, se vêtir, pourquoi ne peut-il pas avoir authentiquement la propriété de ce fruit de son travail, et la faculté de le fixer sur d'autres objets dont il pourroit encore disposer librement ? L'esclave ne peut rien posséder qui n'appartienne à son maître ; en vain épargneroit-il, en vain seroit-il laborieux et industrieux, il ne peut rien transmettre à ses enfans. De là cette insouciance, cette prétendue imprévoyance que l'on reproche au nègre, et qui sont au contraire précisément la preuve de sa prudence. Puisque, se dit-il, je n'ai rien à moi, puisqu'après avoir travaillé au jardin de mon maître à ses heures et pour son compte, ce que je puis gagner aux miennes par mes sueurs lui appartiendroit encore, pourquoi me fatiguerois-je, sans pouvoir goûter la consolation de laisser à mes parens le fruit de mes travaux ?

Après ce raisonnement naturel, l'esclave ne travaille qu'autant qu'il lui en faut pour ne pas aller nud et mourir de faim. Plus de la moitié ne daigne seulement pas travailler pour se nourrir ni se vêtir. De là le vol commun aux esclaves de tous les tems et de toutes les couleurs. Si mon maître n'est pas content, disent-ils, que nous lui vollions de quoi manger, il a besoin de nous, qu'il nous nourrisse comme ses chevaux et ses bœufs.

La loi qui défend la propriété à l'esclave, est non-seulement plus injuste et plus cruelle que l'esclavage même, mais encore elle implique une telle contradiction avec elle-même, qu'il est inconcevable qu'elle ait pu avoir lieu chez des peuples policés. Car , si un homme a pu se vendre , ne peut-il pas encore mieux , ne doit-il pas dis-je disposer du prix de sa liberté , et par la même raison la conserver ? Si le prix de sa liberté ne peut lui rester , n'est-il pas évident qu'il n'a pu l'aliéner ? Un des axiomes invariables de droit et de raison , est *qu'on ne peut donner et retenir* : ici , *on donne pour avoir le don et le donnataire.* Ce n'est donc point un contrat valide , ce n'est qu'un acte de surprise , de force et de violence , et *l'esclave n'est qu'un prisonnier éternel.* S'il s'est vendu lui-même, il doit jouir du prix de sa liberté , jamais propriété ne fut mieux acquise et plus sacrée , s'il a pu se vendre : autrement son maître n'auroit fait que lui présenter un hameçon , sûr qu'il étoit de ravoir et l'appas et le prisonnier ; c'est une perfidie. Si l'esclave a été vendu par un voleur... Ce n'est qu'un prisonnier, et les prisonniers se rançonnent. Pourquoi donc l'esclave ne pourroit-il pas jouir du même bénéfice ? On lui a ôté le droit de propriété expressément pour le priver de l'exercice de ce bénéfice..... C'est le comble , c'est le dernier rafinement de l'inhumanité.

En accordant à l'esclave la propriété *absolue* de son *pécule* , ce ne seroit qu'ébaucher son sort ; il faudroit pour l'améliorer réellement et entièrement , qu'il pût sortir de la servitude quand il auroit épargné de quoi rembourser sa valeur à son maître , et cette valeur peut être fixée , avec des précautions contre les fraudes de la tyrannie et de l'avarice , sur les rôles des récensemens annuels , selon les talens et la bonne ou la mauvaise constitution de l'individu.

Il est fort aisé de prouver que le maître gagneroit de toutes les manières à cette loi de justice. Si l'esclave pouvoit espérer de rompre sa chaîne par son travail , par son industrie , par sa conduite , combien ne se soigneroit-il pas lui-même , combien ne s'empresseroit-il pas lui-même à remplir sa tâche pour ne l'avoir plus un jour ! le maître auroit aussi des ouvriers plus adroits pour ses travaux , ses manufactures ; l'esclave seroit intéressé à s'instruire de quelque métier pour s'aider dans son projet de gagner de quoi s'affranchir. Que risque son maître d'ailleurs ? Un esclave ne commence à être en âge de gagner de l'argent pour son compte, que vers trente ou quarante ans ; il ne faut en excepter que fort peu ; et alors il s'est déjà payé par son travail. Il lui faut, en bien travaillant, s'il a un métier, plus de quinze ans pour gagner sa valeur, vivre et se vêtir ; et s'il n'a aucun talent, il lui faut plus de vingt ans, s'il est bien sobre et bien économe. Il auroit donc de 60 à 70 ans lorsqu'il demanderoit à sortir de la servitude : or, n'est-il pas alors arrivé à l'âge où il va bientôt être hors d'état de rendre service à son maître ? Pendant le tems qu'il se seroit occupé à amasser de quoi se racheter de l'esclavage, il auroit prêché d'exemple aux jeunes esclaves par une bonne conduite, l'exactitude à son devoir, et n'auroit pensé qu'à l'heureux moment où il auroit enfin brisé ses fers. Son maître aura donc été celui qui auroit réellement gagnée à cela, puisqu'après les bons services du sujet, il n'auroit été remboursé de sa valeur, au moment où il devoit perdre l'un et l'autre. Par une espérance, presque fictive de son esclave, il auroit doublement gagné sur son travail et sa fidélité : l'esclave auroit été heureux long-tems d'une perspective éloignée et souvent imaginaire.

On pense bien que dans le cas où il parviendroit à la réaliser, il devroit être exempté de cette *taxe excessive* qu'il faut donner pour affranchir un bon sujet que l'on veut récompenser par le don de la liberté.

Au surplus ; on pourroit encore établir que le maître deviendroit, comme par aubaine, l'héritier de son esclave, si celui-ci meurt sans enfans ou parens légitimes.

La propriété absolue du pécule de l'esclave produiroit encore ce bien, de diminuer les désertions en fixant une sorte d'amende sur son avoir au profit du maître, dans le cas de maronage, ainsi que dans le cas de délit, proportionné à la gravité du crime. Personne, je pense, ne contestera que ce sont-là de puissans ressorts pour contenir l'esclave et épurer ses mœurs. Mais les colons n'imitent-ils pas un peu les Espagnols qui firent passer les Caraïbes pour des brutes afin de justifier leurs cruautés ? En épurant les mœurs des esclaves, ne craint-on pas un peu de faire contraster trop leur sort avec leur manière d'être et d'agir ?.... et le goût des maîtres pour ces Africaines, si vîles à leurs yeux, ne seroit-il pas trop contrarié par une loi qui rameneroit la chasteté dans leur ame ?

Si l'esclave ayoit la consolante perspective de pouvoir un jour se racheter par ses épargnes, la servitude ne seroit pas plus dure à supporter pour lui, que le service pour le soldat, qui se console de son engagement par la certitude où il est d'en voir arriver la fin. Ajoutez à cela un peu plus de douceur dans les châtimens auxquels il seroit soumis, on ne perdroit pas tant de nègres chaque année, les négrillons ne périroient plus tant au berceau, bien moins encore au sein de leurs mères. Une expérience aussi constante que peu sentie des colons, prouve que les nègres et sang-mêlés libres, vivent bien plus long-tems que les esclaves et multiplient infiniment davantage, en exceptant quelques domestiques de maisons, et ceux qui ont le bonheur d'appartenir à des maîtres d'une douce administration. L'homme satisfait de son sort est toujours mieux portant, et plus porté au bien qu'au mal. C'est tout le contraire de celui que l'ennui tourmente, que le dégoût accable, et c'est bien pire de celui qui a le désespoir dans l'ame !

Ce qui afflige le plus les ames sensibles, c'est de ne pouvoir douter qu'en améliorant le sort des esclaves, les colons en seroient plus riches, plus tranquilles et plus heureux. Traitez humainement votre esclave, ayez-en soin, récompensez-le quand il remplit ses devoirs avec zèle, il sera mieux portant, moins méchant, vivra plus long-tems, et vous rendra conséquemment plus de service.

Combien

Combien de colons , pour ménager une centaine de livres par an , en nourriture , pendant la maladie d'un esclave , perdent trois mille livres et plus par sa mort ! combien de journées de travail perdues pour vouloir en gagner une ou deux de plus ?

Epurant les mœurs des esclaves , les maîtres gagneroient encore : l'esclave ne penseroit qu'à travailler , qu'à thésauriser au lieu d'enterrer son argent , ou de le manger en débauche , ou de s'en souler pour s'étourdir sur son éternel malheur. Avec le droit de propriété sur son pécule , s'il avoit celui de transmettre à ses enfans et à ses parens légitimes , on verroit naître le mariage dans les habitations , on en verroit disparoître ce libertinage affreux qui achève de dégrader l'esclave , et en fait périr tant de milliers.

Il y a des colons qui pensent , ou feignent de penser que le mariage n'est pas nécessaire aux esclaves , qu'il peut même leur être nuisible : ou ils ne sont pas sincères , ou ils n'y ont pas réfléchis. Le nègre a une singulière vénération pour cet état; il regarde ses enfans légitimes comme étant bien plus particulièrement à lui ; et ceux-ci les aiment et les respectent bien davantage. Si l'on voit moins de mariages parmi les esclaves , il n'en faut chercher la cause que dans l'extrême crainte de faire trop d'enfans misérables : c'est aussi par cette raison , et un peu par le pouvoir qu'à son maître sur ses negresses que les esclaves aiment mieux aller se chercher une femme hors de son habitation : du moins , se dit-il , si mon maître la séduit , je n'en saurai rien ; si mes enfans sont maltraités , je n'aurai pas la douleur d'en être le témoin.

Cette crainte feroit place au desir , s'il avoit une sorte de propriété , s'il pouvoit en disposer en faveur de ses enfans légitimes , et s'il étoit traité avec plus de douceur , parce que , s'il n'a pu les tirer de l'esclavage , il mourroit avec l'espoir consolant de leur laisser de quoi en sortir plutôt. Il est de fait que depuis que le mariage banni parmi

E

les esclaves à force de les ridiculiser, ou d'abuser de leurs femmes, depuis que la paternité n'est plus qu'une chimère douloureuse à leurs yeux ; on ne les voit plus s'attacher à rien de suivi, et on les voit se livrer à tous les désordres.

Le droit de propriété, d'hérédité, et de retrait sur la liberté feroit donc naître des mœurs pures parmi les esclaves ; pour assurer leur héritage à leurs descendans, ils recourroient au mariage, ce lien de la société qui, en unissant les hommes par des égards sacrés à leurs yeux, adoucit leur caractère, épure leurs sentimens. Les esclaves n'étant contenus par aucune de ces chaînes morales et volontaires ne tiennent à rien, désertent sans sujet, ou pour peu de chose, ne craignent pas même les plus rudes châtimens, regardent la mort comme le terme à leurs maux, et ne cherchent qu'à éviter la vue de leurs maîtres. Qui les retiendroit ? leurs femmes, elles peuvent être celles du premier venu, ou tout au moins celles de leurs maîtres si le caprice lui en prend, comme cela n'est que trop ordinaire ; leurs enfans ? ne sont-ils pas condamnés aux mêmes maux, ne sont-ce pas même des souffrances de plus pour eux ? Peuvent-ils les regarder comme étant véritablement les leurs ? Leur avoir ? en quoi consiste-t il ? la reconnoissance ? de quel bienfait ?

Toute la consolation de l'esclave est dans sa chanson, dans sa danse, et on lui défend de danser plus d'une fois par an. Il voit les blancs et les gens de couleur libres s'assembler, s'amuser, goûter le plaisir de la danse dont il est passionné, et il lui est défendu de se rapprocher quelquefois de ses semblables, de s'étourdir un instant sur son sort par le bruit enchanteur de son tambour. Désespéré de se voir tout ôter, jusqu'à ses plaisirs les plus innocens mêmes, il se soule en secret, s'épuise en veilles et en débauches, va dans les bois danser la nuit, gagne des maladies, périt ou devient caduc avant l'âge. il me semble entendre son maître répondre à ces vérités notoires : « Je suis dans un pays où l'on ne vient que pour faire fortune, où la durée de la vie est incertaine et précaire ; il faut que je tire de mes nègres le plus grand et le plus prompt parti : ils vivront peu ; peu m'importe, j'en aurai tiré la quintescence. Ceux qui me succèderont s'en procureront d'autres s'ils veulent ».

J'ai entendu nombre de colons dire que pourvu qu'ils conservassent le quart des nègres qu'ils avoient achetés au bout de dix ans, c'étoit tout ce qu'ils demandoient.

Si l'esclave avoit quelquefois la consolation de s'amuser, il s'attacheroit davantage à travailler pour lui-même, indépendamment de la perspective de la liberté, afin de pouvoir s'habiller proprement pour aller danser. On en a la preuve : à l'approche du premier de l'an, époque si chère et si mémorable pour les esclaves, parce que c'est le seul jour qu'ils sont assurés de danser sans empêchement ; ils font tous leurs efforts pour se donner un rechange propre. Ils se priveroient de nourriture pour paroître bien habillés ce jour-là : rien n'est plus honteux à leurs yeux que de ne l'être pas ce grand jour de fête. S'il y en a dans l'attelier qui ne soient pas bien mis, les autres leur prêtent de quoi figurer au *calinda*. C'est alors qu'ils goûtent ce doux plaisir de répéter une chanson nouvelle. Le lendemain, ils la répètent encore, ils racontent avec une nouvelle joie la manière dont un tel a battu le *baboula*, dont un autre a dansé, a chanté ; comment tels et tels étoient habillés, etc. c'est le sujet d'un mois des entretiens les plus intéressans ; c'est ce qui bannit pendant tout ce tems tout souvenir désagréable de leur esprit ; heureux s'ils n'en avoient jamais de leur état ! Pendant ce mois de délices pour eux, ils sont plus gais, plus courageux à l'ouvrage. Leurs instrumens aratoires se lèvent et retombent tous en même-tems en cadence, et l'ouvrage en avance d'autant. Ce sont autant de moyens qui s'offrent d'eux-mêmes aux colons pour adoucir le sort des esclaves et qui servent leurs propres intérêts.

Mais ils craignent que dans les assemblées des esclaves,

ils ne concertent la perte de leurs maîtres ; « les tyrans sont toujours tremblans ». Eh ! ne sentent-ils donc pas qu'en les traitant plus humainemeut, ils n'auroient plus en eux d'aussi dangereux ennemis ? Ne sentent ils donc pas que, traités comme ils le sont actuellement, les esclaves peuvent trop aisément fomenter leur perte sans des assemblées publiques, où il n'est jamais prudent de s'ouvrir d'un secret important ? Est-ce au sein des plaisirs où l'on pense aux crimes ? non... C'est sous le poids de l'injustice. Eh ! soyons justes et humains envers nos esclaves, et envers nos affranchis, tous nos sujets de crainte seront anéantis, et nous ne serons plus environnés que de cœurs reconnoissans, que d'amis. Quel échange, cependant !

Parcourons l'histoire de toute la terre, nous verrons que chez tous les peuples, policés ou barbares, pour étourdir les hommes de la classe malheureuse sur leur misère, et peut-être pour les contenir en détournant leurs pensées du sentiment de leur sort, on leur donne des spectacles, on leur permet des jeux, des fêtes, des amusemens publics ; on a vu le peuple romain souffrir patiemment les cruautés de Néron, et se soulever quand on voulut lui ôter son Bouffon. Les seuls esclaves des colonies ne peuvent avoir aucune sorte d'amusement. Tout est clandestin pour eux ; sous-prétexte que leurs asemblées ne peuvent être qu'illicites, tumultueuses, ou leur défend de goûter le seul plaisir qu'ils peuvent avoir. Comme si l'on pouvoit les empêcher de s'assembler en secret, comme si leurs assemblées publiques pourroient être aussi dangereures que celles qu'ils tiennent la nuit ; comme si la danse, dont ils sont si passionnés, ne les écartoit pas des idées de complot qu'on redoute tant de leur part ? tandis qu'en leur permettant de danser en présence d'un économe, ils s'amuseroient assez pour ne plus chercher à le faire de nuit et dans les bois comme on ne sauroit l'empêcher. Et l'on peut préférer une vie ausstri oublée une tâche aussi rude et aussi inhumaine, à la douceur d'une vie paisible, juste et bienfaisante ! oh, que les tyrans sont aveugles et malheureux !

Mais croira-t-on par quelle politique véritable on s'oppose ainsi aux danses des nègres ? par jalousie.... Oui, les blancs, qui veulent avoir le droit exclusif et arbitraire sur leurs négresses, craignent que s'ils les laissoient aller dans des assemblées, des nègres partageroient leurs plaisirs Pauvres colons ! ignorent-ils qu'avec toutes leurs précautions leurs négresses préfèrent toujours un nègre ?

Loin donc de rien risquer en adoucissant le sort de leurs esclaves, ils y gagneroient de toutes les façons. L'esclave le plus entendu ne pouvant amasser son prix que sur la fin de sa carrière, il ne feroit qu'éviter sa perte ou les charges de sa veillesse à son maître ; et toute sa vie, le seul espoir de devenir un jour libre, lui aura été un stimulant, ou plutôt un frein puissant et tout à l'avantage du propriétaire.

Mais diront sans doute les maîtres qu'une ignorante cupidité guide, si l'esclave avoit le droit de propriété *réelle* sur son pécule, il nous pilleroit pour assurer plutôt son sort. A cela je réponds, 1°. que toujours l'esclave est voleur, *de quelque couleur qu'il soit* ; 2°. qu'il le seroit infiniment moins s'il avoit de quoi répondre de ses vols et ménager davantage les bontés de son maître ; 3°. qu'en établissant pour une de ses loix réglémentaires que ses vols l'éloigneroient d'autant de la liberté ; 4°. en établissant une sorte d'amende sur son avoir.

Mais tel qu'est actuellement le sort de l'esclave, qui peut le détourner du vol et le porter au bien, au travail, à la fidélité et à la sobriété ? qu'il fasse bien ou mal à ses yeux, et *dans le fait*, c'est tout un, n'ayant aucune sorte de récompense à en attendre. S'il pèche, il est sûr, à la vérité, d'être rudement châtié ; mais s'il fait son devoir, il est aussi sûr de n'en être point récompensé. Car quand bien même son maître le voudroit, se résoudroit-il à sacrifier sa valeur, si chère aujourd'hui, puis

encore à donner la somme extraordinaire qu'il en coûte
pour obtenir son affranchissement ? les bons maîtres
étoient empêchés par-là de récompenser leurs fidèles
sujets, et les mauvais trouvoient le prétexte de manquer
à la justice et à la bienfaisance. Le gouvernement con-
couroit donc, ou plutôt aggravoit, appesantissoit encore
le sort des esclaves en rendant leur affranchissement pres-
qu'impossible ; tout ce que ceux-ci peuvent attendre de
leurs maîtres, pour leurs bons services, c'est de n'être pas
châtiés quand ils méritent des récompenses !...

On ne peut lire, sans une amère douleur, sans de
cruels déchiremens, dans le rapport des députés de l'Amérique à l'assemblée nationale, que les nègres qui avoient
le plus à se louer des bontés de leurs maitres, ont été
les premiers, pendant leur révolte, à les trahir et à les
égorger.... Eh ! ne sont-ils donc pas déjà assez à plaindre !
faut-il encore chercher à les rendre plus misérables ! et
n'êtes-vous pas assez entourés de danger ; faut-il réduire
les esclaves à un état plus désespérant encore ! Quoi ? des
hommes ont pu se flatter de persuader à une assemblée
composée des hommes les plus savans de tout l'empire françois, que plus on fait de bien aux esclaves, et
plus ils sont méchans ! que ceux qui avoient été les plus
maltraités sont ceux qui se sont montrés les plus fidèles,
et les plus attachés à leurs maîtres, qui les ont défendus,
qui les ont sauvés ?.... Ainsi, votre conclusion barbare est
que vous les traitiés encore plus cruellement pour en être
mieux servis, plus aimés, et plus sûrement préservés !...
Oh ! quelle maxime.... et l'on a pu la mettre au jour !....

Les Espagnols avoient une loi fort sage qu'en se poli-
çant ils ont abolie : un esclave pouvoit forcer son maître
de lui donner la liberté moyennant la somme de 1200 liv.
tournois. L'édit de 1784 accorde la liberté de *Savanne* à
toute négresse qui pourra présenter à son maître six enfans. Mais qu'est-ce pour elle que cette vaine image de
la liberté après laquelle le cœur de l'esclave soupire tant ?

Ne sait-elle pas bien que si elle vient à faire d'autres enfans, ils n'en appartiendront pas moins à son maître ?
Ne sait-elle pas bien qu'elle ne peut sortir de cette *Savanne*
sans un billet de son maître, et que ce n'est-là qu'une liberté absolue à toute mère de huit enfans vivans ? On eut
par-là donné naissance à de milliers de négrillons de plus,
on eut rendu leurs mères plus soigneuses à les nourrir, à
les préserver des vers, à les *échiquer*. Eh bien, cette liberté
imaginaire, dont très-peu de négresses auroient pu jouir
par le pur hasard, croira-t-on qu'elle a été rejettée d'une
grande partie des colons ?

C'est quelque chose de frappant que la chaleur avec
laquelle les esclaves poursuivent la liberté, et l'enthousiasme avec lequel ils la reçoivent : peut-on ne pas ap-
percevoir que c'est - là le moyen le plus efficace que
l'on puisse employer pour les porter à tout ce qu'on
doit en exiger, s'ils étoient sûrs d'en obtenir cette récompense si chère à leurs cœurs ? mais il semble que, pour
servir le goût des colons, le gouvernement soit fâché de
voir sortir un esclave de son état. Et cependant on ne
peut plus douter aujourd'hui que le salut des colonies dé-
pende absolument du nombre des hommes de couleur
libres.

Voilà ce qu'une longue expérience m'a appris. Mon
projet, et bien mieux encore mes réflexions, trouveront
peu de partisans parmi certains colons ; mais dans des vues
d'utilité générale, le bon citoyen s'élève sans crainte au-
dessus des considérations particulières ; et quand son
examen a été fait par l'œil impartial de la raison et de
l'humanité, s'il n'a point les suffrages de tous ses concitoyens, il a la douceur du témoignage de sa véracité pour
se consoler.

MILSCENT *créole.*

*Paris, ce* 18 *décembre* 1791.

www.ingramcontent.com/pod-product-compliance
Lightning Source LLC
Chambersburg PA
CBHW051740050726
47598CB00003B/1276